工程车图典

韩 雪  编绘

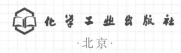 化学工业出版社

·北京·

图书在版编目（CIP）数据

工程车图典 / 韩雪编绘. —北京：化学工业出版社，
2018.7（2024.11重印）
ISBN 978-7-122-32210-4

Ⅰ.①工… Ⅱ.①韩… Ⅲ.①工程车-儿童读物
Ⅳ.①U469.6-49

中国版本图书馆CIP数据核字（2018）第106000号

责任编辑：史 懿　　　　　　　　　　　　　装帧设计：刘丽华
责任校对：边 涛

出版发行：化学工业出版社（北京市东城区青年湖南街13号　邮政编码100011）
印　　装：天津裕同印刷有限公司
889mm×1194mm　1/20　印张6　2024年11月北京第1版第14次印刷

购书咨询：010-64518888　　　　　　售后服务：010-64518899
网　　址：http://www.cip.com.cn
凡购买本书，如有缺损质量问题，本社销售中心负责调换。

定　　价：29.80元

目录 Contents

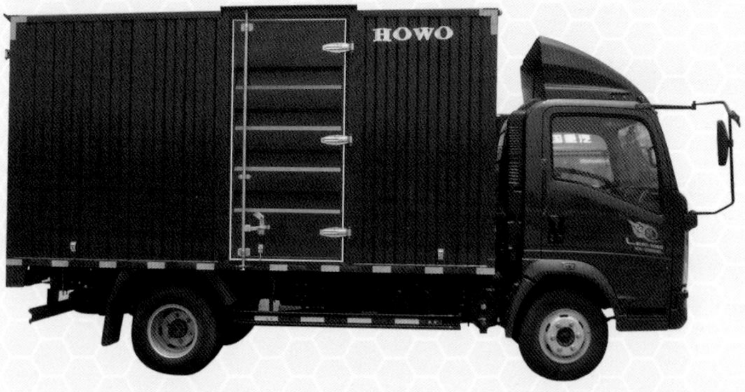
HOWO

卡车

卡车就是载重汽车，它主要用来运送货物。卡车可以分为重型卡车和轻型卡车。大多数的卡车都是以柴油引擎作动力的，这是因为柴油发动机比汽油发动机更适应载重行驶。也有小部分轻型卡车是用汽油、石油气或天然气作动力的。

系统组成

威风凛凛的卡车是由发动机、底盘、车身和电气系统四个部分组成的。

大块头有力气

卡车的块头很大，力气也不小。它有高高的驾驶室、宽敞的车厢和高大的轮胎，重型、超重型卡车一次就可以装载数十吨的货物呢。

东风商用车 新天龙重卡 启航版

福田戴姆勒欧曼 GTL 9系重卡 山区型

中国重卡 SITRAK-C7H

奔驰 限量版"黑曜石"

东风商用车 新天龙重卡 启航版

装载机

装载机是什么设备呢？它是一种广泛应用于公路、铁路、建筑、水电、港口、矿山等建设工程的机械。

主要功用

装载机主要用来铲、装、卸、运土壤和石料一类散状物料，也可以铲掘岩石、硬土，换上不同的辅助装置还可以完成推土、起重和装卸其他物料的工作。装载机在公路施工中可以用来完成路基的填挖。

各司其职

装载机的铲斗主要用来铲挖和运载泥土、砂石、煤炭以及石灰等各种散状物料，可以省去很多人力。装载机的后视镜就像是驾驶员的另一双眼睛，驾驶员通过它们，可以观察装载机后方的情况，以便安全地工作。

虎跃重工 装载机

圣贝 装载机

中联重科 装载机

德工 装载机

山东鲁工 装载机

挖掘机

挖掘机能轻易地挖出土壤和泥沙，那是因为它有过硬的装备，这些装备包括：多方向旋转的操作室、灵活的机械手臂以及像尖爪一样的大挖斗。

尖爪大挖斗

挖掘机最明显的标志就是它的尖爪大挖斗了。这个挖斗就像是一只不怕磨损的大手，可以挖掘土壤、煤、泥沙，甚至是岩石。还能把这些物料装到运输车辆里，或者把这些物料卸载到堆料场地。

多方向的旋转操作室

挖掘机如此受欢迎，除了有功不可没的大挖斗，还有多方向的旋转操作室。灵活的旋转操作室，就像是挖掘机身上长了个灵活的脑袋，使驾驶员可以更加方便、自如、高效地操作挖掘机工作。

三一重工 挖掘机

神钢 SK130-8 挖掘机

神钢 SK330 挖掘机

中联重科 700 挖掘机

挖掘装载机

挖掘装载机有个俗称叫"两头忙"，因为它是一边装有挖掘机铲斗，另一边装有装载机铲斗的工程车。施工时，操作员只需转动一下座椅，就可以转变工作端。

主要组成

一台挖掘装载机包含了：动力总成、装载端和挖掘端。每台设备都是针对特定类型的工作而设计的，各司其职。在建筑工地上，操作员通常需要使用所有这三个组成部分才能完成工作。

大大的挖斗

挖掘机是挖掘装载机的主要工具。它有一个大大的挖斗，可以挖掘坚硬的泥土和砂石，还能抬起泥土等重物。

隧道专用挖掘装载机

小型挖掘装载机

挖掘装载机

小型挖掘装载机

挖掘装载机

挖掘装载机

推土机

在工程车里，有一位"耍大刀"的大侠，这位大侠就是推土机。推土机是一种由拖拉机驱动的机器，多用于筑路，能单独完成挖土、运土和卸土的工作，如场地清理或平整，对深度不大的基坑进行挖掘和回填，以及推筑高度不大的路基等。

主要分类

推土机可分为履带式和轮胎式两种。履带式推土机牵引力大，爬坡能力强，但是行驶速度相对较低。轮胎式推土机行驶速度高，机动灵活，运输转移方便，但牵引力小，适用于需要经常变换工地的情况。

有用的推土刀

推土刀是推土机的独门武器，它可以在驾驶员的操作下向前铲削并推送泥沙、石块及煤炭等。值得一提的是，推土刀的位置和角度是可以根据工作需要来进行调整的，具有操作灵活、转动方便等特点。

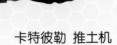

卡特彼勒 推土机

小松 推土机

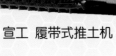

宣工 履带式推土机

山推 推土机

洛阳东方红 推土机

压路机

别看压路机长相笨重，这可是它的一大优点呢！正是因为它重如泰山，才可以将路面碾压得平平整整。压路机常常用来压实高等级公路、铁路、机场跑道、大坝、体育场的路面和场地。

早期的雏形

远古时期，人们用牛、马的蹄子对土壤进行踩踏，来压实房屋的地基、大坝和河堤。后来，人们开始用碎石子铺路，依靠车辆来碾压路面。再后来，人们用马拉着石碾子来压实路面，这就是压路机的雏形。

主要分类

压路机分为钢轮式和轮胎式两类。它前后共有两个装着刮板的碾轮，碾轮用于压实路面，而刮板则用来清除粘在碾轮上的黏结物。为了增大对地面的压力，还可以在碾轮内加铁、砂石和水，从而增加碾轮的重量。

中联重科 压路机

徐工 压路机

路通 压路机

沃尔沃 压路机

三一重工 压路机

洛建机械 压路机

平地机

平地机是用来做什么的呢？它主要用来平整地面，让坑坑洼洼的地面变得平平坦坦。平地机广泛地用于平整公路、机场等大面积的地面。

刮刀

平地机非常爱美，它有把"刮胡刀"——刮刀。刮刀位于平地机的前后轮轴之间，非常锋利。当平地机驶过凹凸不平的地面时，刮刀就会把地面刮平整。

平整农田

平地机也是农民伯伯的好帮手。以前平整农田，都是依靠人工来完成，耗时耗力。有了平地机，农民伯伯需要平整农田时，就让平地机来大显身手。

沃尔沃 平地机

徐工 平地机

山推 平地机

铲运机

铲运机操作起来很灵活，工作效率也特别高。它经常出现在矿山区域，特别是它可以应用于地下矿藏的采掘、运输。

构造

铲运机同时具备铲挖和运输功能。它的构造主要包括车轮、牵引梁、车架、液压装置、带铲土功能的铲斗、支架系统和车架升降调整装置。

历史悠久

铲运机的发展已经有上百年的历史了。早在18世纪，人们已经就开始使用马拉式铲运机。后来，人们制造出了轮式全金属铲运机，如用拖拉机牵引的专用铲运机、自行式铲运机、双发动机铲运机。

沃尔沃 铲运机

中首重工 铲运机

江西健龙 地下铲运机

雷沃 铲运机

柳工 铲运机

吊车

吊车又叫起重机。它的工作地点主要是港口、车间、工地等。它可以做起重、抢险、救援等工作。平常，我们看到的吊车主要有汽车吊、履带吊、轮胎吊等。

早期的吊车

古代灌溉农田用的桔槔（jiégāo）是起重机的雏形。14 世纪，欧洲出现了由人力和畜力驱动的起重机。19 世纪后期，蒸汽驱动的起重机出现了。至 20 世纪 20 年代，现代意义的起重机广泛使用。

工作循环

吊车这个名称是起重机械的统一称号。它的一个工作循环包括：取物装置把物品提起，然后水平移动到指定地点，放下物品，接着进行反向运动，使取物装置返回原位，以便进行下一次循环。

泰安东岳 吊车

BRUDER 吊车

曼恩 吊车

鼎力重工 吊车

徐工 吊车

塔吊

在建筑工地上，到处都有塔吊的身影。它还有一个名字，叫塔式起重机。塔吊一节一节地接长，用来吊起施工用的钢筋、木料、混凝土、钢管等原材料，是工地上一种必不可少的设备。

源于西欧

塔吊起源于西欧。据记载，第一项有关建筑用塔吊的专利颁发于1900年。1905年出现了塔身固定的装有臂架的起重机，1923年制造了近代塔吊的原型样机，同年出现了第一台比较完整的近代塔吊。

主要分类

塔吊分为上回转式和下回转式。按能否移动又分为：移动式和固定式。固定式塔吊的塔身固定不转，安装在整块混凝土基础上，或装设在条形或"X"形混凝土基础上。在建筑施工中一般采用的是固定式的。

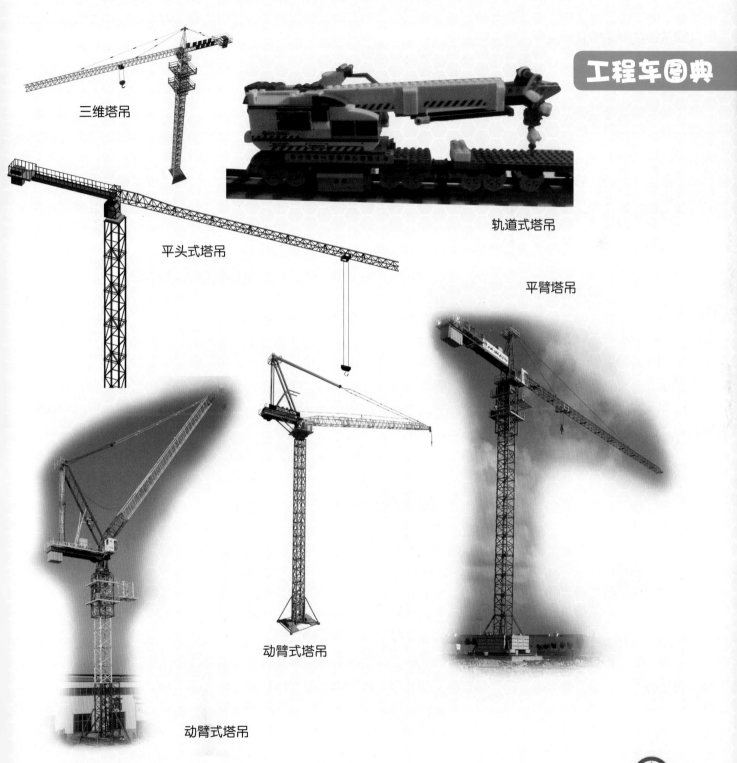

三维塔吊

轨道式塔吊

平头式塔吊

平臂塔吊

动臂式塔吊

动臂式塔吊

叉车

叉车拥有力大无比的铁臂，所以它也被称为铁臂大力士。叉车主要负责搬运货物。它不仅力气大，还很灵活，在搬运不同货物时可更换专属工具，干起活儿来比人的双手还要灵活。

基本功能

我们在车站、机场、货场、港口、工厂以及配送中心等地方都能看到叉车。叉车的基本功能包括水平搬运、堆垛、取货、装货、卸货和拣选。使用叉车不仅可以降低人力成本，还大大提高了效率。

货叉

叉车是托盘运输、集装箱运输的重要设备之一。它是物料搬运的首选设备，在物流系统中占据着不可替代的位置。在车身前像叉子一样伸出来的部分叫作货叉，叉车就是利用货叉来搬运货物的。

台励福 大力神叉车

巨鲸 叉车

徐工 小型叉车

比亚迪 电动叉车

CLARK 叉车

中国一拖 合力叉车

中国广州 叉车

龙工 叉车

油罐车

　　油罐车又称流动加油车，是用来运输和储藏汽油、柴油、原油、润滑油以及煤焦油等各种油品的车辆。

油罐外形别致

　　油罐车的油罐大都用优质钢板制成，形状大多接近椭圆柱形，这样可以更加方便地存储和运输油类。另外，油罐的外部会涂上防锈漆和装饰漆，这样就可以防止油罐生锈，延长油罐的使用寿命。

防范静电

　　当人们在油罐车附近工作时，必然会与油罐车或者附近其他物品接触，摩擦会产生静电，如果发生静电放电现象时，恰好遇到易燃易爆的油料蒸气，很容易发生爆炸。因此，油罐车必需加装拖地铁链或避电杆，随时把静电导入地下。操作人员必须穿戴防静电的工作服、手套和鞋子。

东风 油罐车

东风 油罐车

东风 油罐车

徐工 油罐车

东风 油罐车

东风 油罐车

混凝土搅拌车

混凝土搅拌车的外形很别致，酷似田螺，所以人们常称它为"田螺车"。它是用来运送混凝土的专用卡车，装置着圆筒形的搅拌筒。

搅拌筒

搅拌筒是混凝土的装载容器。在运输的过程中，搅拌筒会一直保持转动，这样混凝土才可以得到充分地混合和搅拌，并且不会凝固。

封闭装置

搅拌筒是全封闭的，密封了进出料口。这样做解决了传统搅拌车水分易蒸发、砂浆分层、混凝土撒落、存在行车安全隐患等一系列问题，真是考虑周全啊！

中国重汽 混凝土搅拌车

福田 混凝土搅拌车

中国一汽 混凝土搅拌车

福田时代 混凝土搅拌车

福田时代金刚 混凝土搅拌车

混凝土泵车

混凝土泵车经常出现在建筑工地，它是专门输送建筑混凝土的车辆，能利用压力将混凝土沿管道连续输送到指定的位置。混凝土泵车由臂架、泵送装置、液压装置、支撑装置、电控装置五部分组成。

一对好搭档

混凝土搅拌车和混凝土泵车是一对好搭档，它们相互合作完成工作。搅拌车把混凝土搅拌均匀并运到工地，然后把搅拌料倒进泵车，泵车再把搅拌料输送到需要的地方。

长长的手臂

混凝土泵车有个长长的"手臂"。这个"手臂"非同寻常，它有可以伸缩的臂架，臂架上有一个长长的输送管，可以将混凝土送到一定的距离和高度。因为有这个长长的"手臂"，所以雷雨、暴雪以及大风天气，泵车是不能使用的，以防被雷电击中、大雪压折和大风刮断。

山推 混凝土泵车

东风 混凝土泵车

福田 混凝土泵车

徐工 混凝土泵车

SCHWING 混凝土泵车

斗轮机

斗轮机又叫斗轮堆取料机，是一种大型高效率连续装卸机械。它可以将煤炭、矿石、砂石等散状物料，堆取、装卸、输送到火车、货轮或储料场。

分类

斗轮机按结构可以分成臂架型和桥架型。臂架型主要依靠臂架上的带式输送机，从臂架前端卸料、取料。桥架型有一个门形的金属构架和可升降的桥架来运输、堆料。

主要用途

主要用于散货专业码头、钢铁厂、大型火力发电厂和矿山等的散料堆场装卸铁矿石（砂）、煤炭、砂土等。

大块机斗轮机

煤场斗轮机

大连重工 斗轮机

掘进机

你知道隧道、地铁通道或煤矿巷道是怎么挖出来的吗？这个问题掘进机最有发言权，因为它就是一种用来挖掘地下通道的机械。掘进机主要由行走机构、工作机构、装运机构和转载机构组成。它的外形很特别。

工作原理

掘进机是一款所向无敌的机械，它的工作原理很简单，随着行走机构向前推进，工作机构中的切割头会不断地破碎岩石，并将碎岩石运走。

切割头

掘进机的秘密武器就是切割头。切割头很锋利，所以才能开凿岩石和挖出土壤。切割头上那些坚硬的截齿可是比铁齿铜牙还要强大，它们被牢固地安装在齿座上，工作起来毫不含糊。

安华机械 掘进机

辽宁通用 掘进机

石煤 掘进机

辽宁通用 掘进机

EBZ230 掘进机

岩鼎地下科技 掘进机

打桩机

打桩机是利用冲击力将桩贯入地层的桩工机械，通过打桩作业，可以向地层灌装钢筋笼和混凝土，从而增加土层的承受能力。

组成

打桩机由桩锤、桩架及附属设备等组成。桩锤依附在桩架的导杆（俗称龙门）之间。桩架用以控制打桩方向，使桩按照设计的方位准确地贯入地层。

分类

桩锤按运动的动力来源可分为落锤、蒸汽锤、柴油锤、液压锤等。目前应用最多的是柴油锤。

公路护栏打桩机

履带式打桩机

液压打桩机

WYXJH135B

360 度螺旋打桩机

新型多用履带打桩机

凿岩机

人们在开采石料时，都会在坚硬的岩石上钻凿出很深的炮眼，然后在炮眼里装上炸药，将岩石炸开，从而完成开采石料的工作。其中，钻凿炮眼的机器叫作凿岩机，是开采石料的首选机械。

工作原理

凿岩机是以压缩空气为动力。凿岩机有一只钢钎，它像啄木鸟的嘴一样，工作的时候，受到压缩空气不断地冲击，钢钎将岩石凿碎，并能按照工作需求凿入一定的深度。

液压凿岩机

液压凿岩机的液压泵有一泵带一机、一泵带两机、一泵带四机等，可根据施工要求选择，井下施工可配防爆电动液压泵，还可选择柴油动力液压泵。目前，液压凿岩机已在公路铁路隧道挖掘、水电水利建设、建材采石等工程中被广泛使用。

LGCY-I5/I3

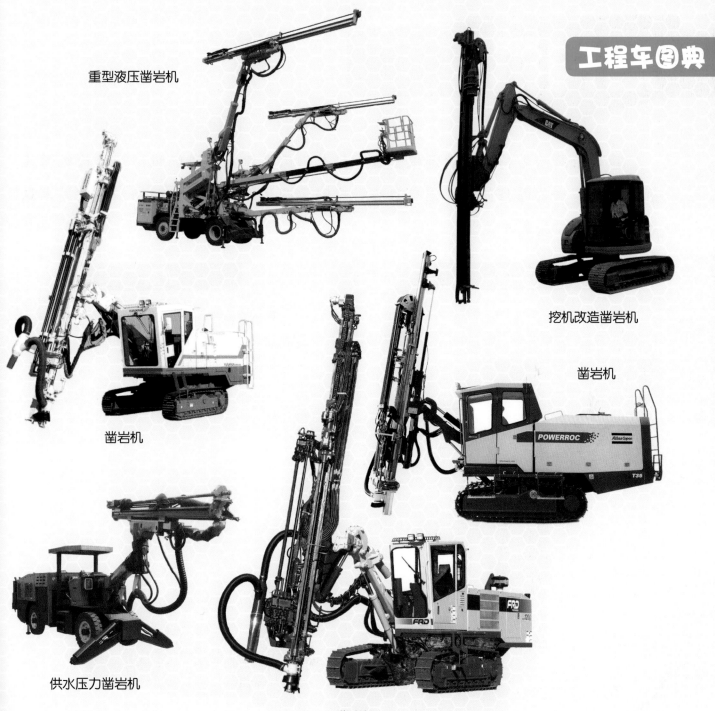

重型液压凿岩机

挖机改造凿岩机

凿岩机

凿岩机

供水压力凿岩机

凿岩机

盾构机

　　盾构机又叫盾构隧道掘进机，是一种专门用来挖掘隧道的机械。盾构机的外形是一个庞大的圆柱体，前端有刀头。它经常在地铁、铁路、公路、市政、水电等隧道工程中施展才能。

构造

　　盾构机主要由8大部分组成，它们分别是盾体、刀盘驱动装置、双室气闸、管片拼装机、排土机构、后配套装置、电气系统和辅助设备。

护盾

　　盾体的圆柱体壳叫护盾，它既能承受周围土层的压力，又能将地下水挡在外面。所有挖掘工作都要在护盾的掩护下进行。

北方重工 盾构机

中国水电 盾构机

阳明号 盾构机

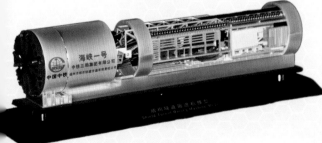

海峡一号 盾构机模型

中国中铁 盾构机

摊铺机

摊铺机是一种主要用于高速公路的施工设备，它就像是一位摊饼高手，能将碎石均匀而平整地摊辅在路基上。

结构

摊铺机主要由6部分构成，它们分别是料斗、刮板、摊铺室、螺旋摊铺器、振捣器、熨平板。

工作原理

铺路用的混合料进入料斗后，会经由刮板转送到摊铺室，在这里，螺旋摊铺器会将混合料横向摊开。随着摊铺机的行驶，被摊开的混合料会被振捣器初步捣实，接着，后面的熨平板会根据厚度要求，将摊铺层熨平。

VOGELE 摊铺机

BOMAG 摊铺机

卡特 摊铺机

VOGELE 摊铺机

卡特 摊铺机

铣刨机

路面铣刨机是用来给沥青路面做养护的，它可以把路面被损害的旧铺层清除掉，再铺上新的路面层，还可以把路面鼓出来的部位清除掉。

主要分类

根据铣削形式，铣刨机分为冷铣式和热铣式两种。冷铣式铣刨机切削出来的物料颗粒很均匀，还能安装洒水装置进行洒水作业，只是它的刀具磨损比较快；热铣式铣刨机增加了加热装置，所以结构要复杂一点，一般用于路面翻新。

工作原理

铣刨机由铣削转子轴、刀座和刀头等组成，铣削转子是铣刨机的主要部件，直接与路面接触，铣刨机就是通过高速旋转的铣刀来完成铣削工作的。

BOMAG 铣刨机

卡特 铣刨机

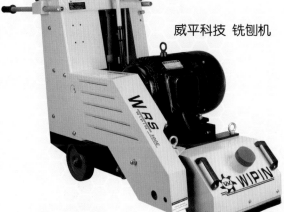

威平科技 铣刨机

JIEHE 铣刨机

陕建机械 铣刨机

卡特 铣刨机

拖拉机

拖拉机是一种重要的工程作业工具，在一些大型建筑工地、煤矿、工厂或港口，经常能看到它的身影。它们动力强劲，干起活来毫不含糊。

主要分类

一般来说，拖拉机分为轮式和履带式两种。轮式拖拉机行驶速度快，也是生活中最为常见的，尤其是在田间地头、工厂、矿山等地方。而履带式拖拉机走起路来稍慢一些，不过却行驶得很平稳，干活时力气也很大。

帮农民伯伯干活

人们总会有各种各样的奇思妙想，例如，他们在拖拉机上安装一些工程工具，使它变成农民伯伯的好帮手。耕地、耙地、播种、撒肥、打药，样样都能干。

五征澳力 拖拉机

悍沃 304 拖拉机

泰山 拖拉机

卡特 拖拉机

中联重工耕王 拖拉机

兰博基尼 VAT 拖拉机

牵引车

牵引车就像是一匹动力十足的千里马，它由具有驱动能力的牵引车头和挂车两部分组成。挂车一般被牵引车拖着行驶。简单地说，牵引车就是车头和车厢之间由特殊装置牵引而行驶、作业的车。

半挂和全挂

牵引车和挂车的连接方式主要有两种：一种是挂车的前面一半搭在牵引车后段上面的牵引鞍座上，牵引车后面的桥承受挂车的一部分重量，这就是半挂；第二种是挂车的前端连在牵引车的后端，牵引车只提供向前的拉力，拖着挂车走，但不承受挂车向下的重量，这就是全挂。

独立相处

牵引车车头可以脱离原来的车厢而去牵引其他的车厢。同时，车厢也可以脱离原来的牵引车头，而被其他车头所牵引。

华菱 牵引车

广汽日野 牵引车

SCANIA 牵引车

华菱 牵引车

曼恩 牵引车

全挂车

你见过全挂车吗？如果你在高速公路上，看到车厢被拖挂在一辆货车后面，这个被牵引车拖在后面行驶的车厢，就是全挂车。全挂车很赖皮，它没有动力装置，要其他车辆拉着它跑，它才能在公路上高速疾驰。

组成部分

全挂车一般由车架、车身、牵引装置、转向装置、悬架、行走系统、制动系统、信号系统等组成。

全挂车的特点

全挂车虽然赖皮，但是它很有担当。有什么重活儿，都是它承担，牵引车车不需要荷载重物，只需要提供动力就可以了。全挂车主要用于码头、工厂、港口的货物运输。

全挂车

全挂车

全挂车

全挂车

平板式全挂车

拖车

拖车也叫道路清障车、事故救援车。它经常被用来完成高速公路、城市道路的清障工作，具有起吊、拽拉和托举牵引的功能。

历史悠久

拖车的历史比较久。早在第一次世界大战时期，拖车就已经出现了。只不过，当时拖车主要是用来运送士兵所需的军用物资。经过不断发展、改进，现代意义上的拖车诞生了。

重钢平板拖车

重钢平板拖车是平板拖车的一种，它像一位急行军战士，经常干的活儿有：重型货物的短途中转、移库等，适用于工业物资的运输、装卸等。

程力 拖车

一汽重工 拖车

福田时代 拖车

一汽重工 拖车

程力 拖车

东风 拖车

厢式货车

厢式货车又叫厢式车，它是货车的一种。它的显著特征就是拥有全密封式的车厢，可以运输各种物品。此外，一些比较危险的化学物品会由特殊种类的厢式货车运输。

主要分类

厢式货车按照封闭程度可分为：全封闭货车、半封闭货车和仓栅式货车。按照外形可分为：单桥厢式货车、双桥厢式货车、平头厢式货车、尖头厢式货车。

用途广泛

如果你在工厂、超市看到厢式货车，或者看到它正行驶在路上，一点也不用惊讶，因为它早已被广泛适用于运输各类货物。厢式货车比普通货车更加安全，更加美观，就算下雨，也不会淋湿货物。

福田 厢式货车

东风 厢式货车

江淮 厢式货车

福田 厢式货车

福田 厢式货车

东风 厢式货车

黄海瑞图 厢式货车

集装箱车

集装箱车是一种专门用于运载货物的车，可以随意装载或卸下集装箱，这是区别集装箱车与其他运输车的主要特征。

主要分类

集装箱车在结构上，大致分为三部分：车头、车架和集装箱。它拥有一个矩形的车厢，可以装载各种各样的货物。

特殊之处

集装箱车将货物运送到指定地点后，会有专业机械将集装箱从车架上取走。由于整体结构及制造材料的不同，即使是同一规格的集装箱，容积也不都相同。

一汽 集装箱车

陕汽奥龙 集装箱车

江菱 集装箱车

一汽 集装箱车

KAIDIWEI 集装箱车

曼恩 集装箱车

集装箱正面吊运机

集装箱正面吊运机是集装箱的好朋友，它能完成集装箱的装卸和堆码工作，适用于仓库、货场、工厂、码头、车站等地方。

长长的臂架

同吊车一样，集装箱正面吊运机拥有一个长长的臂架，具有较长的外伸距离和较高的起升高度。它具有机动性强、作业效率高、安全可靠、操作简便、驾驶舒适等优点，是理想的货场装卸搬运机械。

特殊要求

集装箱正面吊运机的"体形"是有要求的。它作为一种重要的工程机械，主要在货场工作，这就要求它要能适应狭小的场地条件，因此，需要控制车身的宽度和长度。另外，还要考虑整机的稳定性和车架的受力情况。

中联重科 集装箱正面吊运机

中联重科 集装箱正面吊运机

三一重工 集装箱正面吊运机

三一重工 集装箱正面吊运机

三一重工 集装箱正面吊运机

行李传送车

　　行李传送车是用于飞机装卸行李、包裹及邮件等货物的专用设备。它能帮助人们把沉重的行李装到飞机的货舱中或从飞机上卸下来。

组成

　　行李传送车由汽车底盘、左置驾驶室、传送机架装置、液压系统和电气系统组成。

特点

　　行李传送车具有以下特点：安静运行，可用于高速度或加速度的稳定负荷，可进行高效、平稳的传送。

平板式行李传送车

40txl 型机场行李传送车

消防车

在大小城市里，不时会听到一阵紧急的、令人惊心动魄的警笛声，招呼行人和其他车辆迅速避让。随着声音由远及近，一辆辆红色的汽车疾驰而过，正赶往失火现场进行抢救。这就是消防车。

云梯消防车

云梯消防车是重型消防车的一种。云梯消防车上设有伸缩式云梯、升降斗转台和灭火装置，消防人员可以登高灭火和营救被困人员。云梯消防车适用于高层建筑火灾的扑救。

水罐消防车

水罐消防车又称"水箱车"，它体内装满了水，就算不借助外部水源，也能灭火。如果有水源，可以直接从水源地吸水进行扑救工作。它也可以给其他消防车或灭火设备供水。

LAND RIDER 消防车

中国重汽 消防车

曼恩 消防车

多功能细水雾消防车

东风 消防车

优迪狮 消防车

救护车

救护车就是用于救助病人的工程车。它和消防车一样，也需要争分夺秒。为了节省时间，它可以在车行道边缘、人行道，甚至反方向上行驶。

特别之处

救护车的内部比较宽敞，使救护人员有足够的空间进行救护工作。车内配备大量的绷带和外敷用品，用以帮助病人止血、清洗伤口、预防感染，还设置了夹板和支架用来固定病人折断的肢体，并避免病人颈部和脊椎的伤害加重。此外，还备有氧气、便携式呼吸机和心脏起搏除颤器等。

专业急救人员

救护车上配备着专业的急救人员，他们能进行高水平的急救处理。可以在现场和途中进行救护，并诊断患者伤势，提前用无线电向医院传送数据，让相应的医护人员和技师做好准备，并准备好手术用具。

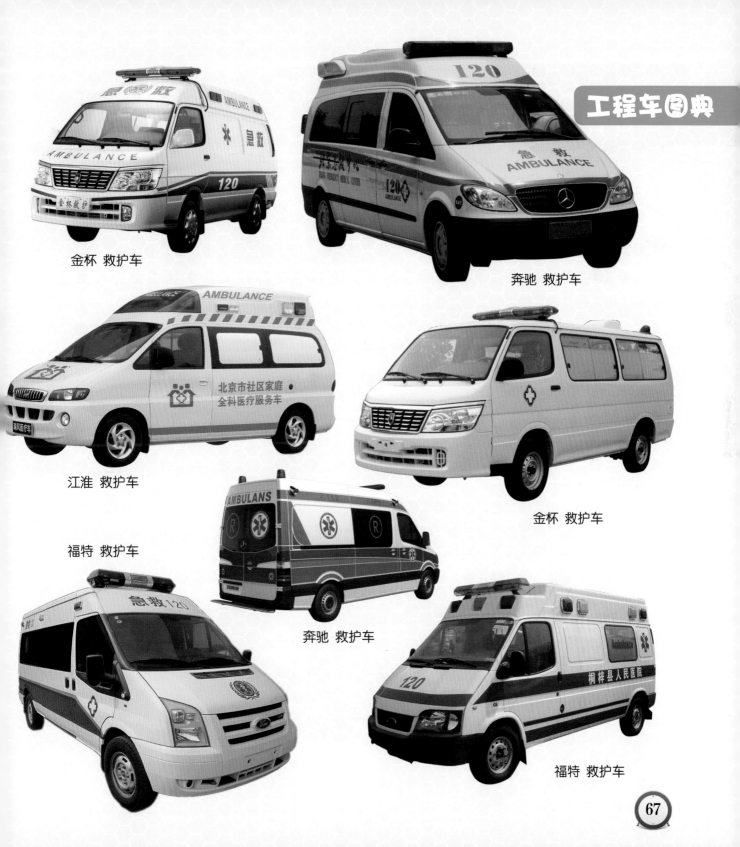

金杯　救护车

奔驰　救护车

江淮　救护车

金杯　救护车

福特　救护车

奔驰　救护车

福特　救护车

高空作业车

高空作业车是一种能够上下举升的工程车。它经常在建筑工地、车站、码头、商场、体育场馆、厂矿车间等有大范围高空作业区的地方施展神威。因为它是一种用于高空作业的工程车，危险系数高，所以驾驶员在工作中是不允许有失误的。

主要分类

高空作业车的种类可多了，它有垂直升降式、自行式、剪叉式，还有折叠臂式和伸缩臂式。

剪叉式高空作业车

剪叉式高空作业车用途非常广泛，它的剪叉机械结构使升降台起升得很稳定，宽大的作业平台和较高的承载能力，使高空作业的范围更大、并且适合多人同时作业。它使高空作业者工作效率更高，安全更有保障。

湖北程力 高空作业车

JLG LIFT 高空作业车

江铃 高空作业车

东风 高空作业车

江淮 高空作业车

奔驰 高空作业车

ISUZU 高空作业车

桥梁检测车

桥梁检测车是一种为桥梁检测人员提供作业平台的设备。车里装有桥梁检测仪器，是用于流动检测或维修作业的专用汽车。

工作原理

桥梁检测车是由汽车底盘和工作臂组成的。它就像是一只长臂猿，干活儿的时候，可以像摘果子一般将工作臂伸到桥底下，然后对桥梁进行检测。

起源于欧美

桥梁检测车最早出现在欧美地区，比如奥地利、德国、美国。他们的技术非常先进，车上大多配有应急装置、稳定装置、遥控装置和发电设备。

杭州专汽 桥梁检测车

徐工 桥梁检测车

五岳 桥梁检测车

中国一汽 桥梁检测车

徐工 桥梁检测车

电视转播车

电视转播车是一种可移动的小型"电视台"，它具有机动灵活、活动范围大等特点。虽然远离电视中心，但是它同样可以进行现场录像、现场编辑工作，并能及时向电视中心传送所录制的节目，进行现场转播。

设备有哪些

电视转播车就相当于一个微型电视台，转播设备样样齐全。它上面有摄像机、视频切换器、无线电波发射设备、录像机、同步机、音响设备、监视系统、通话系统以及电源空调系统、供电系统等。

现代应用

现在的摄像机越来越多地采用微电脑控制和全自动化调整，并可通过一个集中控制的单元，一次调整多台摄像机。这些技术的运用，大大提高了电视转播车制作节目的能力。

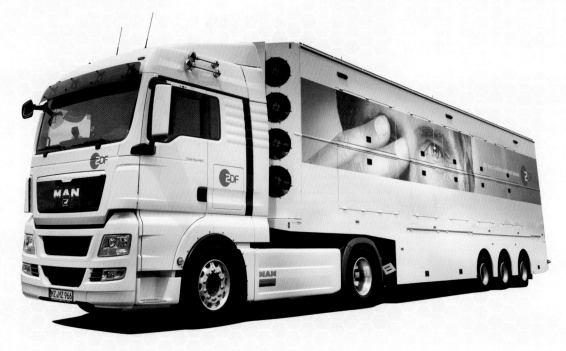

沃尔沃 电视转播车

大众 电视转播车

ISUZU 电视转播车

奔驰 电视转播车

福特 电视转播车

工程抢险车

工程抢险车就是抢修工程的车辆，为抢修现场提供气源和电源。它既可以载人，又装备有各种抢险维修所需的工具和材料，并可为故障现场提供电源和气源等。

救急先锋

工程抢险车是为应对市政应急抢险、城市内涝以及各种突发性自然灾害提供的专业工具。所以，它也被称为救急先锋。

应用领域

工程抢险车广泛运用于石油、化工、天然气、供水供电等管道的检测与抢修，当然也包括高速公路、矿山的设备故障抢修。

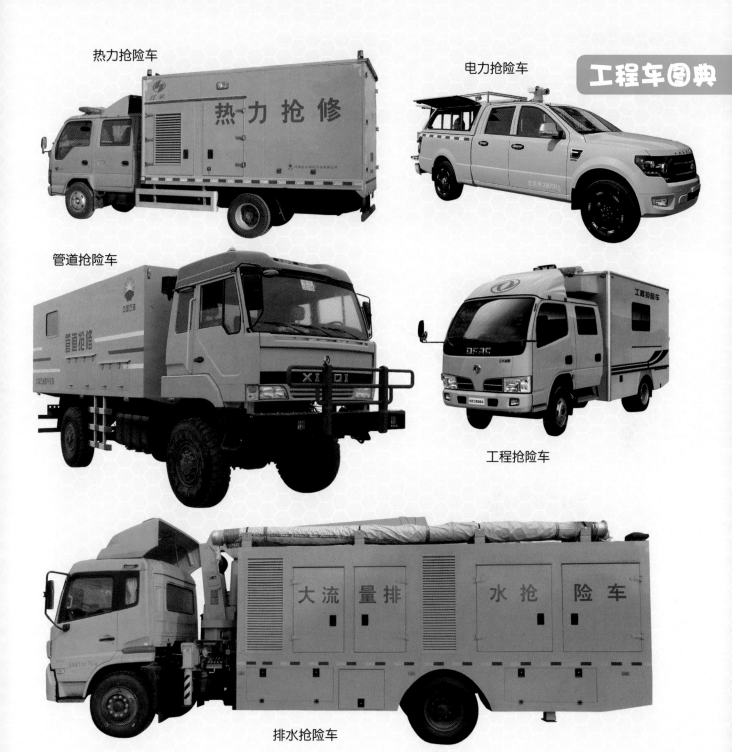

热力抢险车

电力抢险车

管道抢险车

工程抢险车

排水抢险车

应急发电车

应急发电车是一种将发电和行车合二为一的设备，发电部分和行车部分共用一个发电机和底盘。发电部分布置在车厢下面，提高了经济适用性和机动灵活性。

组件

应急发电车可装配电瓶组、柴油发电机组、燃气发电机组。装配发电机组的车厢要求消音降噪，还要配置辅助油箱、电缆卷盘、照明灯等设备。

用途

应急发电车可用来发电、检修设备、保障会议供电、进行野外作业等。

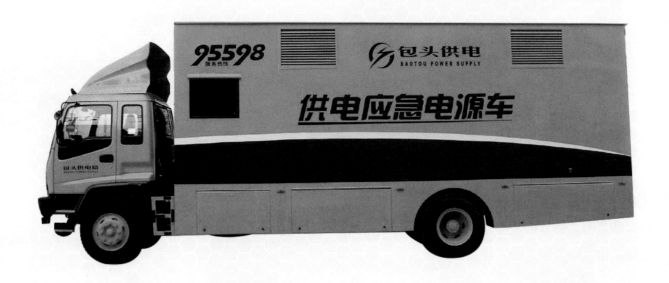

ISUZU 应急发电车

畅丰 应急发电车

东风 应急发电车

沃尔沃 应急发电车

装甲工程车

在战场上，有一些特殊的"战士"，它们生就一身钢筋铁骨，负责逢山开道、遇水搭桥、构筑掩体和战地抢救。它们就是伴随在坦克左右的另一类装甲车——装甲工程车。

轻重有别

装甲工程车各式各样，按照重量可分为两种：重装甲工程车和轻装甲工程车。重装甲工程车采用主战坦克的底盘设计，具有与坦克相当的防护性与机动性能，可以紧紧跟随主战坦克冲在战斗第一线。轻装甲工程车的底盘则根据具体用途有不同的选择。

重建尖兵

战争结束之后，就是装甲工程车大显身手的时候了。清运城市瓦砾、清除路障、雷场扫雷，这些艰辛的工作全都由装甲工程车负责。很多退役的坦克会被改装成装甲工程车，继续战斗着。

科迪亚克 装甲工程车

M1132 装甲工程车

坦克装甲工程车

棕熊 装甲工程车

装甲架桥车

在战场上，装甲架桥车就是工程兵的得力助手，它通常设置有完备的架桥工具，有的甚至能背着一座桥行军，只需在指定的时间、指定的地点放下就行了。

"大力神"架桥车

基于"挑战者"2型主战坦克底盘的"大力神"架桥车，是英国设计的，它具有很强的生存能力，且拥有出色的机动性能。它可在2分钟之内放下10号桥体，可跨越最宽24米的壕沟。

"豹式"2型装甲快速架桥车

"豹式"2型装甲快速架桥车采用"豹式"2型主战坦克底盘，因此具有与"豹式"2型主战坦克相近的机动性能与防护性能。

河狸 装甲架桥车

装甲坦克架桥车

豹式 装甲架桥车

装甲架桥车

装甲架桥车

吸尘车

吸尘车可有效减少粉尘污染，降低空气中可吸入颗粒物的含量，提高空气质量，改善人们的生活环境。

工作原理

吸尘车全部采用气流来完成作业，采用空气动力学原理，利用气流运动方式将粉尘和垃圾收集储存起来，吹吸结合。

工作领域

吸尘车是环卫清洁及物料回收的优选车辆设置。适用于易产生扬尘污染的多粉尘、高浓度和大密度的工矿企业。它适用于城市高架路、快速路及桥隧的快速清扫保洁以及城市主干道、高等级公路及高速公路的清扫保洁。

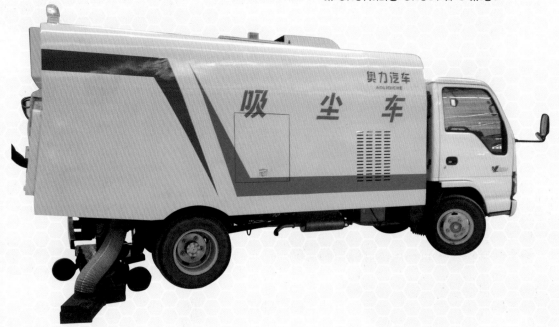

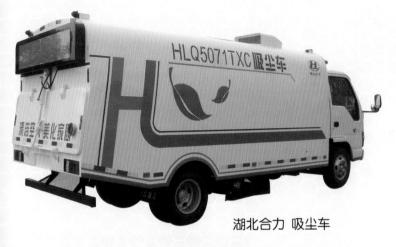

湖北合力 吸尘车

福田 吸尘车

华威驰乐 吸尘车

福田 吸尘车

北京恩实 吸尘车

垃圾车

垃圾车是环卫部门运送各种垃圾的车辆，城市的美好环境离不了它。它主要运载生活垃圾，也可运输灰、砂、石、土等散装建筑材料，还可以在矿区运送矿石。

清洁卫士

垃圾车适用于环卫、市政、厂矿企业、物业小区和垃圾多而集中的居民区，尤其适用于运输小区生活垃圾，因为它可以带多个大厢，在装卸和运输过程中能有效避免二次污染。

让城市更美丽

垃圾车用途很大，不仅可以减轻环卫工人的工作强度，帮助他们及时地清理城市垃圾，还可以将一些垃圾进行分类，帮助其变废为宝，既能缓解了城市垃圾问题，使我们的城市变得更加干净、美丽，又能高效地利用资源。

东风福瑞卡 摆臂式垃圾车

东风多利卡 压缩垃圾车

东风福瑞卡 摆臂垃圾车

湖北程力 密封垃圾车

东风 压缩式垃圾车

东风福瑞卡 压缩式垃圾车

道路清扫车

道路清扫车是一种神通广大的设备。它是在专用汽车底盘上改装道路清扫装置的车型，集路面清扫、垃圾回收和运输多种功能为一体，帮助环卫工人美化市容环境。

构造和功能

道路清扫车除底盘发动机外，还加装了副发动机、扫刷、带风机、垃圾箱、水箱。它可以完成地面清扫、马路道牙边清扫及清扫后对地面洒水等工作。

应用很广

道路清扫车一天的成果，可是比50个人的清扫成果还要大呢！它还能适应多粉尘、高浓度和大密度的工作环境。它能完全胜任城市高架路、快速路及桥隧的快速清扫保洁工作，以及城市主干道、高等级公路、高速公路的清扫保洁工作。

东风 道路清扫车

ISUZU 道路清扫车

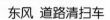

陕汽 道路清扫车

东风 道路清扫车

东风 道路清扫车

道路清障车

道路清障车又称道路抢险救援车，如果发生重大交通事故，致使车辆无法正常行驶，道路清障车就会挺身而出，对发生事故的车辆进行拖拉，使其安全地离开事故地段，从而恢复交通秩序。

功能和用途

汽车在道路上行驶时，故障和事故是不可避免的，特别是在高等级公路上，一旦车辆无法行驶，会造成严重的道路拥堵，这时道路清障车就显得非常重要。道路救援车主要负责道路故障车辆、城市违章车辆的清理以及抢险救援工作。

分类

道路清障车按照工作原理可分为：一拖二平板清障车、拖吊分离清障车和拖吊联体清障车。也可以按照吨位分类，目前，我国的道路清障车按照牵引吨位的大小分为：3吨、8吨、16吨、25吨、38吨。

中国重汽 道路清障车

ISUZU 道路清障车

东风 道路清障车

福田 道路清障车

江铃 道路清障车

东风 道路清障车

洒水车

洒水车又称为多功能绿化洒水车，属于市政部门。它是一位快乐的天使，所到之处，总是会响起欢快的歌声。它唱歌可不是为了显摆歌喉，而是为了提醒人们：我来了，请让一让，小心水洒到你身上。

工作职责

洒水车主要负责城市环境的维护。为了让城市更加美好，它常常在城市道路、大型厂区、部队、园林等单位忙碌，做路面清洁、防尘、浇水、喷洒农药等工作。

分类

洒水车按照用途分为绿化洒水车、多功能洒水车、随车吊洒水车、消防洒水车等。

东风 洒水车

东风 洒水车

中国重汽 洒水车

东风 洒水车

福田时代 洒水车

东风 洒水车

除雪车

除雪车是用来清除冰雪的工程车，主要应用于天寒下大雪的地方。当大雪妨碍交通的时候，就要用到除雪车。它可以及时清除阻碍在道路上及机场、车站附近的冰雪，是比较理想的除雪工具。

提高效率

在除雪车出现之前，人们只能用扫帚和铁铲来清扫地面上的积雪，工作十分费力，而且效率不高。有了除雪车，人们可以轻松地清理地面，这真是给人们提供了大大的便利。

推雪铲

除雪车是很实用的工程车。它最突出的特点，就是有个大手掌一样的推雪铲，可以迅速地将路面上厚厚的积雪铲除，从而恢复地面的清洁。

中国重汽 除雪车

东风 除雪车

中国重汽 除雪车

北京亿通正龙 除雪车

中国重汽 除雪车

东风 除雪车

割草机

园林绿化离不开割草机。割草机是英国人发明的。它的别称可多了，比如除草机、草坪修剪机等。割草机由刀盘、发动机、行走轮、行走机构、刀片、扶手、控制部分组成，可以用来修剪草坪或者植被。

割草机历史

1805年，一个叫普拉克内特的英国人发明了第一台割草机。当时的那台机器既能收割谷物，又能切割杂草。只是当时还没有动力支持，所以这台机器是由人来推动进行工作的，通过齿轮传动带动旋刀割草。

工作原理

割草机工作前，要把刀盘装在行走轮上，刀盘上装有发动机，发动机的输出轴上装有刀片，刀片随着发动机高速旋转，节省了除草工人的作业时间，减少了大量的人力。

WALKER ZERO 割草机

TORO 转向割草机

John Deere 割草机

BIG DOG 割草机

灭茬机

灭茬机是专门除去收割后遗留在地里的作物根茬的工程车，它能将根茬刨起、粉碎，再回落到地面上。

分类

灭茬机根据具体作业对象，可分为玉米灭茬机、高粱灭茬机、大豆灭茬机、棉花灭茬机等。

适用范围

灭茬机主要适用于埋青、秸秆还田，或当大中型联合收割机作业后，在稻麦高留茬田块中进行灭茬作业。

HX10 GCV 灭茬机

库恩 RM 灭茬机

红星 灭茬机

沃尔农装 秸秆灭茬机

松土机

松土机是用松土齿进行破碎、松动或凿裂坚硬土层的施工机械，主要用来给农田松土。

构成

松土机主要由电动机、减速齿轮、行走机构、松土刀、深度调节机构等组成。电动机提供动力，通过联轴器与减速齿轮轴连接。工作部件由刀盘和立式松土刀组成，分为两组，由减速齿轮带动。深度调节机构由手柄、链轮及链条组成，通过改变机架的高度来调节松土深度。

工作领域

广泛适用于平原、山区、丘陵的旱地、水田、果园、菜地、烟地的松土作业。

徐工 GR215 松土机

大型带勾松土机

John Deere 松土机

旋耕深度松土机

喷雾机

喷雾机是一种将液体分散成雾状的机器。喷雾机是施药机械的一种，分农用、医用和其他用途（如工业用）。一般称人力驱动的为喷雾器，动力（发动机、电动机）驱动的为喷雾机。

分类

喷雾机按工作原理分为液力、气力和离心式喷雾机。按携带方式分手持式、背负式、肩挎式、踏板式、担架式、推车式、自走式、车载式、悬挂式等，此外还有航空喷雾机。

应用领域

喷雾机一般用于喷洒灭虫剂、矮草剂、杀菌剂，亦可用于喷洒液体肥料等。它的喷雾性能好，作业效率高，广泛用于草地、旱田、虫区等。

春润 高杆喷雾机

风送式喷雾机

华盛中天 四驱喷雾机

丰诺 喷雾机

伐木机

伐木机，顾名思义，就是用来砍伐树木的机械。它可以砍伐落叶松、桦树、杨树等各种不同材质的树木。伐木机一般分为履带式和轮式两种，常见的是履带式伐木机。

长长的手臂

树木高大威武，因此伐木机的设计也很特别。与吊车一样，伐木机也有一个长长的手臂，用于高空作业。伐木机伐下的树木，经过伐木工人的简单加工，就变成了我们生活中使用的木材了。

安全工作

为了使伐木机安全、稳定地工作，驾驶人员通常会在轮式伐木机的车轮上安装防滑链，这样，在大雨或大雪后，就不用担心地面打滑而影响车辆行驶了。伐木机主要是在我国林业资源丰富的地区使用，如东北三省的林区。

南宁周农 林业伐木机

AFM 电脑数控系列伐木机

抓木机

抓木机就是抓木料的机器。它的前端装有像"爪子"一样的抓木器，这是抓木机的主要特征之一。抓木机主要用来装卸和搬运木材、芦苇、稻草等物料。

原装抓木机

什么是原装抓木机？其实，它是指新机器出厂时就是一个完整的抓木机。原装抓木机一般价格比较昂贵。改装抓木机，顾名思义就是改装而成的抓木机，一般是由二手的挖掘机改装成的，这样可以大大减少投资成本。

有何不同

与普通挖掘机相比，抓木机的独特之处在于前端工作装置的不同。普通挖掘机的臂部一般较短，前端是挖斗，其主要作用是进行挖掘、装载作业；抓木机的臂部俗称"抓料臂"，一般较长，形状构造也不同，前端是抓木器。

德工 抓木机

宝鼎 抓木机

富达 抓木机

山东威猛 抓木机

广西特工 抓木机

开沟机

开沟机是何方神圣呢？它是用于开挖下水道、沟壑、水渠的车辆。开沟机分为链式开沟机和轮盘式开沟机。

开沟器

开沟机哪部分最重要？当然是开沟器了。开沟器的边缘非常锋利，开沟机就是通过它来干活儿的。开沟机在干活儿时，要低速缓行，这样开出的沟，上下沟深才能统一，左右宽度才能匀称。

山药开沟机

山药开沟机是用来种植山药的农田机械。山药开沟机用拖拉机动力做牵引，开筑沟渠。这种机械开出来的沟渠沟形整齐，土壤疏松并且成凸型，方便种植山药，还不用修整。

CASE 开沟机

时风 开沟机

中农 开沟机

商丘华虹 开沟机

收割机

收割机是一种长着"剪刀手"的机械。根据农艺要求，收割机是在水稻、麦子、玉米等谷类作物成熟时，用来收割谷粒和秸秆的农机具。

主要组成

收割机主要由割杆装置、输送装置、液压升降器等组成，是针对新型能源研究开发的一种新型农业机械，价格低廉。

发明者

美国人塞勒斯·麦考密克，是收割机的发明者。麦考密克的父亲是一位农场主，家里有非常多的土地，每年都为收割工作而苦恼。因此麦考密克研制出一种以两匹马为牵引力的收割机。这种收割机不仅能快速地将麦子割下，还能自动把麦子整齐地堆放起来。

谷王 收割机

春雨 收割机

谷王 收割机

春雨 收割机

久保田 收割机

插秧机

水稻插秧机是一位勤劳的稻田工作者，它是一种能将水稻秧苗定植在水田中的种植机械。水稻插秧机可以提高插秧的工效和栽插质量，实现合理密植，有利于后续作业的机械化。

传统农具

我国民间用的插秧工具是秧马和莳(shì)扶，已有近千年的历史。宋代诗人苏轼写过一首《秧马歌》，叙说了湖北农民使用秧马的情景。使用莳扶可以代替手工分秧，并将秧苗梳入泥中定植。

工作原理

插秧机主要由秧箱、取秧器构成。工作的时候，农民伯伯将秧苗整齐地放到秧箱里，取秧器一格一格地领取秧苗，并按要求把秧苗插到泥土里。干完这些，取秧器再按运行轨迹回到秧箱取秧。

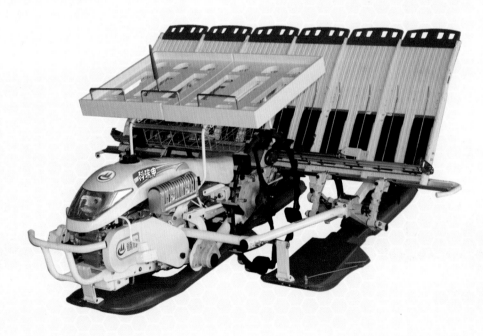

延吉 插秧机

东方红 水稻插秧机

水稻插秧机

久保田 插秧机

井关 乘坐式插秧机

常林 插秧机

旋耕机

旋耕机喜欢与拖拉机相互合作，共同完成农田的耕、耙工作。旋耕机具有碎土能力强、耕后地表平坦的特点；同时，它能切碎地表以下的根茬，为后期播种提供良好的种床，便于播种机工作。

工作原理

旋耕机的工作部件是装有2～3个螺旋形切刀的旋耕器。作业时旋耕器绕立轴旋转，切刀将土切碎。旋耕机适用于稻田水耕，有较强的碎土、起浆作用，但覆盖性能差。

开垦深度

为增强旋耕机的耕作效果，人们常常在旋耕机上加装一些装置。比如，有一种改装过的旋耕机耕深可达20～25厘米，这种旋耕机多用于开垦灌木地、沼泽地和草荒地。

IGJ180 旋耕机

龙舟 旋耕机

ISEKI 旋耕机

正格 旋耕机

宇田 旋耕机

播种机

播种机就是负责播撒种子的种植机械。用于某类或某种作物的播种机，常冠以作物种类的名称，如谷物条播机、玉米穴播机、棉花播种机、牧草撒播机等。

发明人

英国人杰斯洛·图尔发明了播种机。他既是一位发明家，也是一位业余音乐家。天赋聪颖的他，经常把自己的音乐知识运用到发明里。比如在播种机里装置弹簧系统，就是他受管风琴共鸣板的启发而产生的想法。

发展历程

1636年第一台播种机诞生于欧洲希腊。之后，1830年俄国人制成了犁播机。英、美等国在1860年以后开始大量生产畜力谷物条播机。20世纪以后相继出现了牵引式和悬挂式谷物条播机，以及运用蒸汽力排种的播种机。1958年挪威制造出第一台离心式播种机，后逐步发展出各种精密播种机。

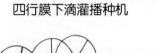

四行膜下滴灌播种机

2BZM-2 型播种机

气吸式播种机

玉米全层精量施肥播种机

冷藏车

　　冷藏车是一种封闭的厢式运输车，主要用来运输冷冻或需要保鲜的货物。常见的冷藏车有：冷冻车，负责运输冷冻食品；奶品运输车，负责运输奶制品；鲜货运输车，负责运输蔬菜水果；疫苗运输车，负责运输疫苗药品。

特点

　　冷藏车的货柜很特别，需要严格密封以减少与外界的热量交换，保证冷藏柜内保持较低温度。制冷机组维持厢体低温保证厢体内的温度在货物允许的范围内。冷藏车的厢体类似集装箱，是由隔热效果较好的材料制成的，这样就可以减少热量交换。

构造

　　冷藏车主要由汽车底盘、制冷机组、隔热厢三大部分组成。汽车底盘负责行驶，制冷机组提供温度，厢体用于货物的存放和温度的保持。

ISUZU 冷藏车

福田 冷藏车

中国一汽 冷藏车

东风 冷藏车

东风 冷藏车

东风 冷藏车

房车

顾名思义，房车就是像房子一样的车。它兼具"车"与"房"两大功能，既可移动，又具有居家必备的基本设施，俨然是一个移动的家。

房车历史

第一次世界大战结束后，许多美国人利用汽车开启他们的露营岁月。到 20 世纪 30 年代，房车开始利用飞机式的构造，并且装备了床、餐桌椅，还具备供电供水的功能，这样的房车具有革命性的进步。

功能齐全

房车来自国外，车上的居家设施有：卧具、炉具、冰箱、橱柜、沙发、餐桌椅、盥洗设施、空调、电视、音响等家具和电器，可分为驾驶区域、起居区域、卧室区域、卫生区域、厨房区域等。

依维柯 房车

雪佛兰 房车

长城风骏 房车

奔驰 房车

福特 房车

福特 房车

编绘人员名单

韩　雪　刘少宸　唐婷婷　佟　坤　韩　冰　崔向军　燕文婷
杨现军　郝万增　赵丽蕊　孙亚兰　杜文凤　杨　洋　高群英
原伟琴　杨　丹　戚家富　安　宇